Inhalt

Elite Universitäten

Kernthesen

Beitrag

Fallbeispiele

Weiterführende Literatur

Impressum

GENIOS WirtschaftsWissen Nr. 03/2004 vom 08.03.2004

Elite Universitäten

M.Rinkenburger

Kernthesen

- Im Rahmen ihrer Innovationsoffensive hat die SPD vor einigen Wochen ein Konzept zur Gründung von Elite Universitäten in Deutschland vorgestellt. (3)
- Die Notwendigkeit einer Korrektur der aktuellen Hochschulpolitik wird Partei übergreifend als positiv gesehen. Allerdings stoßen die Vorschläge der SPD zum Umfang, zur Organisation und zur Finanzierung dieser Elite Universitäten auf geteiltes Echo. (6)
- Seit der Veröffentlichung dieser Pläne kommt es in Deutschland zu kontroversen Diskussionen über den Begriff Elite und dessen umfangreichen Interpretationen in der Gesellschaft. (8), (2)

Beitrag

Modell Elite Universität der SPD

- Konzept

Das Konzept der SPD zur Förderung und Etablierung von Elite Universitäten basiert auf der bestehenden Hochschullandschaft in Deutschland. Mit Hilfe des Wissenschaftsrates der Bundesregierung sollen Kriterien für ein Hochschulranking definiert werden. Im Rahmen dieses Rankings sollen dann die besten fünf bis zehn Hochschulen oder Fachbereiche in Deutschland identifiziert werden. Diese Universitäten sollen dann mit zusätzlichen finanziellen Mitteln ausgestattet werden, um sich weiter entwickeln und in Zukunft in der ersten Liga der weltweit angesehenen Elite Universitäten mitspielen zu können. [(4)](#) Durch diese Maßnahmen soll die Attraktivität Deutschlands als Forschungs- und Wissenschaftsstandort gesteigert werden. Zum einen ist es das Ziel, die besten deutschen Studenten und Wissenschaftler zu halten und zum anderen ausländische Forscher für Deutschland zu gewinnen.

- Finanzierung

Laut Wissenschaftsministerin Edelgard Bulmahn könnte der Etat ihres Ressorts um ca. 80 Mio. Euro pro Jahr erhöht werden, um damit die Elite Universitäten zu finanzieren. Nach Ansicht von Bundeskanzler Gerhard Schröder sollen auch die Länder und die Wirtschaft mit in die Verantwortung genommen werden. Der Kanzler äußert sich erstmals offen hinsichtlich einer Gebühr für Folgestudiengänge. Das Erststudium soll seiner Meinung nach aber auch weiterhin gebührenfrei bleiben. Eine weitere Alternative der Finanzierung wäre laut Frau Bulmahn die Zweckbindung von Steuereinnahmen. (4), (7)

- Positive Aspekte

Positiv wird von vielen die Tatsache gewertet, dass die SPD nach jahrelangem Fehlverhalten bei der Hochschulpolitik sich jetzt dieser Thematik annimmt. (1) Durch den jahrelangen Trend der staatlichen Hochschulen, sich primär als ein Massenprodukt mit zu viel Breite und zu wenig Tiefe zu entwickeln, haben sich die deutschen Universitäten immer mehr vom internationalen Wettbewerb abgekoppelt. (5) Mit den geplanten Maßnahmen soll diese negative Entwicklung abgewendet werden.

Durch diese Initiative werden auch die ersten Schritte unternommen, einer gemeinsamen Verpflichtung der

EU-Regierungschefs nachzukommen. Entsprechend eines Beschlusses sollen die Ausgaben für Forschung und Entwicklung bis 2010 von derzeit 2,5 auf zukünftig 3 Prozent des Bruttoinlandsprodukts ansteigen. (4)

Neben dem derzeitigen Trend zur Massenuniversität gibt es schon jetzt einige positive Beispiele in Deutschland. Einzelne Hochschulen bieten schon heute Studiengänge mit hervorragenden Rahmenbedingungen an. Diese Universitäten werden durch die Initiative Elite Universität mehr Gehör und Akzeptanz erfahren und könnten zugleich als Pilotprojekte für andere Universitäten dienen. (7)

- Negative Aspekte

Der Wissenschaftsverbandes kritisiert diese Elite per Dekret. Es darf nicht dazu kommen, dass eine Kommission festlegt, welche Universitäten in Zukunft Elite-Universitäten sind. Vielmehr müssen alle Hochschulen die Möglichkeit haben, sich dem freien Wettbewerb zu stellen, um sich durch Erfolge in der Forschung und Lehre international positiv positionieren zu können. (7)

Der derzeitige Rückzug der Bundesregierung aus der Forschungsförderung und dem Hochschulbau steht im krassen Widerspruch zu den geplanten

Förderungen von Elite Universitäten (1) Es reicht bei weitem nicht aus, lediglich einige wenige Hochschulen in einem hau-ruck-Verfahren finanziell zu fördern. Vielmehr bedarf es einer Reform des gesamten Hochschulwesen. (2), (6)

Vor der Verwendung der Bezeichnung Elite ist zunächst auch in Erfahrung zu bringen, mit welchen Attributen und Gefühlen dieser Begriff in Deutschland belegt ist. Es muss diesbezüglich eine einheitliche Definition und Akzeptanz in der Gesellschaft geschaffen werden, um die Reformen nicht bereits im Keim zu ersticken. (8)

Voraussetzungen für umfassende Reformen der Hochschullandschaft

Politiker unterschiedlicher Parteien sowie sonstige Kritiker sind sich einig, dass nur eine grundlegende Umstrukturierung des derzeitigen Hochschulsystems eine Wende herbeiführen kann. (6) Im Folgenden sind beispielhaft einige Eckpunkte dargestellt, die eine wichtige Rolle bei der Deregulierung des deutschen Hochschulsystems spielen: (5), (6)

- Die Leistungen der Lehre muss kontinuierlich gemessen und bewertet werden.
- Das Aufnahmeverfahren von Studenten ist von staatlichen Regularien und Kontrollen zu entkoppeln und in die Hände der Hochschulen zu legen.
- Die organisatorischen Strukturen der Universitäten müssen sich den internationalen Standards anpassen
- Einführung eines professionellen Managements der Hochschulen mit eigener Budgetverantwortung
- Liberalisierung des Vertragswesens mit den Professoren

Vor allem eine Komponente wird bei den Vergleichen amerikanischer Universitäten mit den deutschen Hochschulen immer wieder genannt. Dabei handelt es sich um das Professoren-Studenten-Verhältnis, das einen großen Beitrag zu den herausragenden Ergebnissen und Forschungsbedingungen leistet. Stimmen in Deutschland weisen darauf hin, dass es auch in Deutschland in drei bis fünf Jahren durchaus möglich wäre, sich den amerikanischen Gegebenheiten in Teilbereichen anzupassen, wenn diese dazu in die ökonomische Lage versetzt würden. Dabei werden Summen in einer Größenordnung von 25 Milliarden bis 30 Milliarden Euro genannt. [(6)](), [(7)]()

Fallbeispiele

Die Universität Mannheim hat sich mit ihren sozial- und wirtschaftswissenschaftlichen Fächern bereits einen international anerkannten Ruf erworben. (7) Entscheidungsstrukturen wie bei Großunternehmen, Zielvorgaben, ein zentrales Controlling sowie Budgetverantwortung sind nur vier von mehreren Maßnahmen, die ihr zu diesem Ansehen verholfen haben. (7)

Hamburgs private Elite Hochschule Bucerius Law School hat Bedingungen geschaffen, von denen Studenten und Professoren in Deutschland normalerweise nur träumen können. (7) Die Erhebung von Studiengebühren, die eigene Auswahl der Studenten und das weitgehend unabhängige Agieren von staatlichen Vorgaben führt zu übersichtlichen Seminaren, unbürokratischen Strukturen und hoch motivierten Studenten. (7)

Keine Eliteinseln sondern ein flächendeckendes Qualitätsnetzwerk lautet das Zauberwort in Bayern. Im Mai 2003 wurde das sogenannte Elite-Netzwerk mit dem Ziel eingerichtet, herausragende Angebote an bayerischen Hochschulen zu international anerkannten Elite-Studiengängen und Doktorandenkollegs zu verknüpfen. (1)

Die USA mit ihren renommierten Universitäten und Colleges wird immer wieder als Beispiel bei Diskussionen rund um das deutsche Hochschulsystem herangezogen. (3) Allerdings muss bei einem derartigen Vergleich immer das gesamte Bildungssystem betrachtet werden. In Deutschland besteht neben der universitären Ausbildung auch die duale Berufsausbildung während in den USA der Wohlstand alleine in einer akademischen Ausbildung begründet ist. Dabei gibt es in den USA auch Unterschiede zwischen öffentlichen Universitäten und Colleges, die im Grundsatz breite und faire Zugangsbedingungen verfolgen und den privaten Einrichtungen, bei denen Spitzenleistungen mit vielfältigen Finanzierungsmöglichkeiten sowie eine akademische Unabhängigkeit im Mittelpunkt steht. (3) Auch wenn sich die verschiedenen Systeme nicht komplett vergleichen und übertragen lassen, so kann sich Deutschland bei Themen wie Fundraising, Partnerschaften, Alumni, Sponsoring, Studiengebühren, Leistungsbeurteilung oder Aufnahmeverfahren durchaus inspirieren lassen. (3)

Weiterführende Literatur

(1) Thurau, Martin, Hochschulpolitik: Alle reden von Elite-Universitäten wie realistisch sind die Pläne? Die

bayerischen Unis Spitze trotz Sparzwang?, Süddeutsche Zeitung, Ausgabe Deutschland, 08.01.2003, S. 30
aus Die SparkassenZeitung, 19.12.2003, Nr. 51, S. 10

(2) "Das belebt den Wettbewerb nicht"
aus Frankfurter Allgemeine Zeitung, 28.01.2004, Nr. 23, S. 4

(3) In der Debatte um Elite-Universitäten wird oft das Beispiel renommierter US-Hochschulen genannt. Botschafter Coats erklärt, wie sie funktionieren Was Deutschland von Amerika bei Universitäten lernen kann Was Deutschland von Amerika lernen kann
aus Berliner Morgenpost, Jg. 106, 19.01.2004, Nr. 18, S. 3

(4) SPD strebt zehn Spitzen-Universitäten an Parteiführung legt sich in Weimar auf Förderung erfolgreicher Fachbereiche fest · Bildungsministerin plant Hochschul-Ranking
aus Financial Times Deutschland vom 07.01.2004, Seite 9

(5) Deutschland braucht Elite-Unis Die Hochschulen in der Bundesrepublik haben viel Breite und wenig Tiefe. Vor allem aber leiden sie unter staatlicher Überregulierung. Dabei gibt es erfolgversprechende Rezepte
aus Financial Times Deutschland vom 12.01.2004, Seite 26

(6) O. V., Erste Universitäten buhlen um Elitestatus, Spiegel Online, 08.01.2004
aus Financial Times Deutschland vom 12.01.2004, Seite 26

(7) Behrend, Till / Mayer, Kurt-Martin / Özgenc, Kayhan / Röll, Thomas, Schröders Elite-Kommando, FOCUS, 12.01.2004, Ausgabe: 03, S. 18 24
aus Financial Times Deutschland vom 12.01.2004, Seite 26

(8) Kein Fußballverein Bei der Debatte über Elite-Universitäten steht der Leistungsbegriff im Mittelpunkt. Doch in Bildungsfragen ist die Vorstellung vom "Wettbewerb" verfehlt
aus Frankfurter Rundschau v. 14.01.2004, S.17, Ausgabe: S Stadt

Impressum

Elite Universitäten

Bibliografische Information der deutschen Nationalbibliothek

Die Deutsche Nationalbibliothek verzeichnet diese Publikation in der deutschen Nationalbibliografie; detaillierte bibliografische Daten sind im Internet über http://dnb.d-nb.de abrufbar.

ISBN: 978-3-7379-0877-1

© 2015 GBI-Genios Deutsche Wirtschaftsdatenbank GmbH, Freischützstraße 96, 81927 München, www.genios.de

Alle Rechte vorbehalten. Dieses Werk ist einschließlich aller seiner Teile – z.B. Texte, Tabellen und Grafiken - urheberrechtlich geschützt. Jede Verwertung außerhalb der Grenzen des Urheberrechtsgesetzes bedarf der vorherigen Zustimmung des Verlags. Dies gilt insbesondere auch für auszugsweise Nachdrucke, fotomechanische Vervielfältigungen (Fotokopie/Mikroskopie), Übersetzungen, Auswertungen durch Datenbanken oder ähnliche Einrichtungen und die Einspeicherung und Verarbeitung in elektronischen Systemen.